딴생각 딴세상 ❸
백만원을 구하려면 돈이 필요해!

초판 1쇄 발행 2015년 7월 17일
초판 6쇄 발행 2024년 10월 4일
글쓴이 | 신현경
그린이 | 김규택
펴낸이 | 김사라
펴낸곳 | 해와나무
출판 등록 | 2004년 2월 14일 제312-2004-000006호
주소 | 서울특별시 영등포구 양산로23길 17 2층
전화 | (02)364-7675(내용), 362-7675(구입)
팩스 | (02)312-7675
ISBN 978-89-6268-131-4 74330
       978-89-6268-119-2 (세트)

ⓒ 신현경, 김규택 2015

- 값은 뒤표지에 있습니다.
- 책 내용의 일부 또는 전부를 인용하거나 발췌하려면 반드시 저작권자와 출판사 양측의 서면 동의를 구해야 합니다.

KC 제조자명 : 해와나무 제조국명 : 대한민국 제조년월 : 2024년 10월 4일 대상 연령 : 8세 이상
전화번호 : 02-362-7675 주소 : 서울특별시 영등포구 양산로23길 17 2층
*KC마크는 이 제품이 공통안전기준에 적합하였음을 의미합니다.
주의 : 책의 모서리에 다치지 않게 주의하세요.

백만원을 구하려면 돈이 필요해!

백만원이 누구지?

신현경 글 ★ 김규택 그림

해와나무

겨울 방학에 귀신잡기

눈썰매 타러가기

엄마 나라 가 보기

방송이다

늦게 자고 늦게 일어나기!
일찍 걷기

내가 귀신이다!

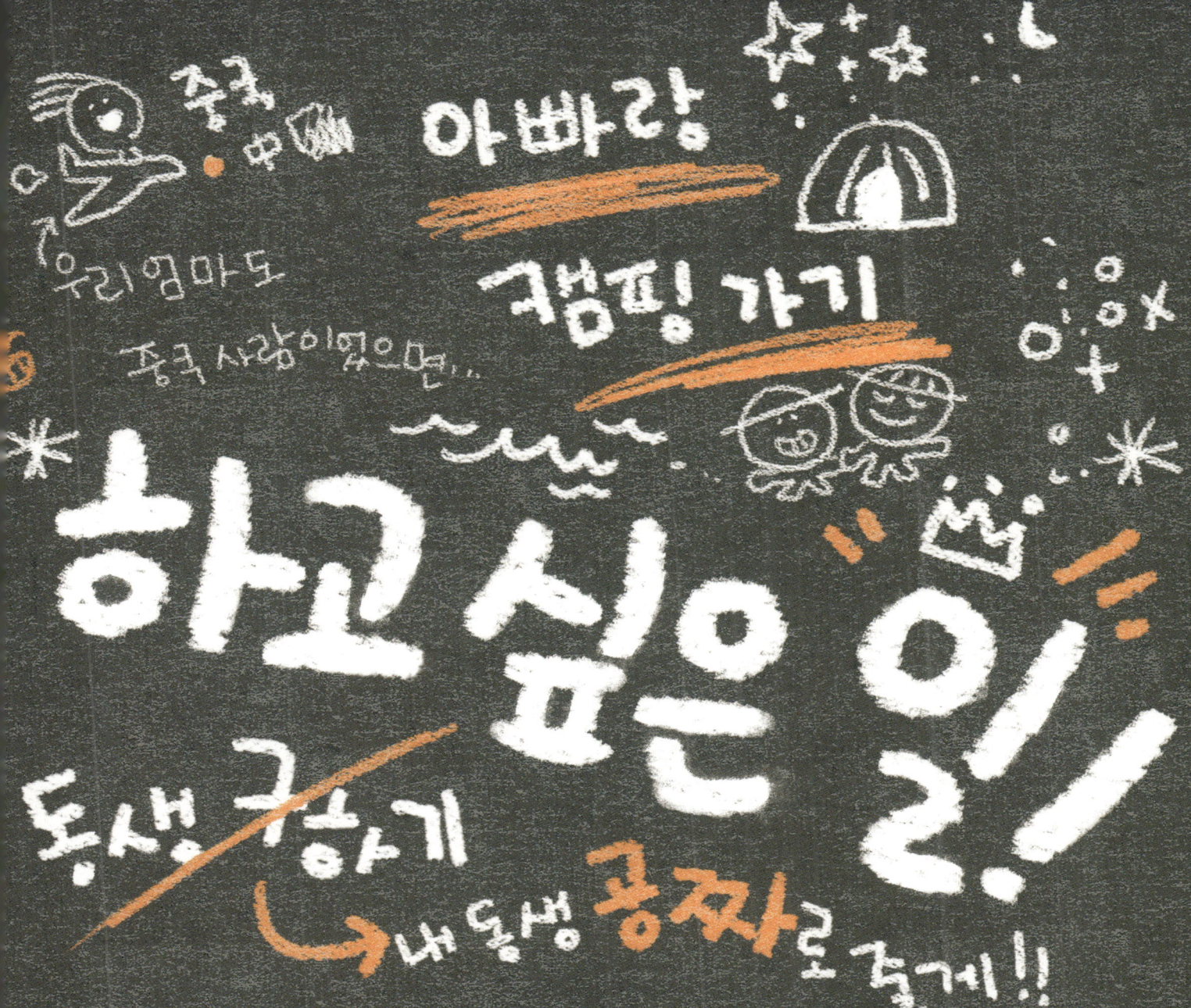

손꼽아 기다리던 겨울 방학!
백두산네 반이 들썩들썩하다.
아직 방학식도 안 했는데 벌써 가방을 둘러멘 아이도 있다.

책상 밑에 머리를 박고 꿈지럭대던 백두산이 모금함을 꺼냈다.
직접 만든 모금함을 교탁 위에 떡하니 올리더니
교탁 옆구리를 탕탕 두들겼다.

"저것 봐! 백두산 동생이 납치됐나 봐!"
누군가 크게 외쳤다.
순간 아이들 눈이 재까닥 모금함으로 쏠렸다.
"돈을 줘야 동생을 풀어 준대?"
"경찰에 신고했어? 선생님도 아셔?"
아이들이 아우성치는 통에 백두산은 입도 벙긋할 수 없었다.
'내 동생은 무지 비싸. 그래서 이름도 백만원이야.
동생을 데려올 수 있게 너희가 한 푼만 도와주라.'
이렇게 말하려고 연습까지 했는데 말이다.
백만원 이야기를 하려면 어제로 돌아가야 한다.

어제도 백두산은 애견 센터를 그냥 지나치지 못했다.
얼마 전 백설기 떡집 옆에 생긴 애견 센터인데,
오후가 되면 강아지를 구경하려는 사람들이
쇼윈도 앞으로 모여들었다.
백두산이 찾아갈 때마다 강아지들은 자고 있었다.
눈을 찡그려 감고 보드라운 솜털을 서로 비비면서.
그 모습을 본 사람들은 귀엽다고 야단이었지만
백두산은 가냘픈 강아지들이 가여웠다.
엄마 품이 그리워서 비비적거린다고 생각했기 때문이다.

백설기는 백두산의 아빠 이름. 그러니까 백두산은 '떡집' 아들.

어제는 평소보다 구경꾼이 더 많았다.
새로운 강아지가 왔기 때문이다.
주둥이가 새카맣고 얼굴이 우글쭈글한 퍼그였다.
퍼그는 유리창을 두드리는 구경꾼들이 귀찮은지,
그렇지 않아도 구겨진 얼굴을 더 구기고 있었다.
엎드려 자는 다른 강아지들을 툭툭 건드리기도 했다.
퍼그가 왈왈대는 소리가 백두산 귀에는 이렇게 들렸다.

왜 맨날 잠만 자? 나랑 놀자. 심심해 죽겠어.

강아지들은 꼼지락꼼지락 등을 돌릴 뿐이었다.
퍼그는 콧김을 훙 내뿜고서 궁둥이를 붙이고 앉았다.
뚱한 얼굴로 이리저리 눈알을 굴리던 퍼그가
백두산과 눈이 마주치자 우뚝 멈추었다.
그 순간, 백두산은 형제의 운명을 느꼈다.
아빠도 엄마를 처음 본 순간 부부의 운명을 느꼈다고 했다.

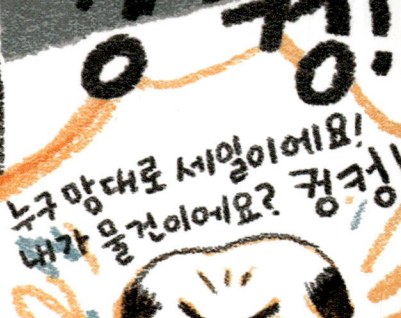

"조용히 해!"

주인아저씨가 컹컹 짖는 퍼그에게 버럭 소리쳤다.

그러고는 얼굴을 싹 바꾸고서 백두산에게 말했다.

"원래는 안 짖으니까 부모님한테 아주 얌전한 개라고 해."

"안 얌전해도 돼요.
제가 올 때까지 다른 사람한테 주면 안 돼요, 네?"
주인아저씨가 콧수염을 매만지며 대답했다.
"마냥 기다릴 순 없다. 먼저 돈 내는 사람이 임자야."
그 순간 백두산은 동물을 장난감처럼 파는 것이 잔인하게 느껴졌다.
강아지를 돈 주고 사는 것도 나쁜 행동 같았다.
하지만 이내 마음을 고쳐먹었다.
'나는 갇힌 강아지를 구해 주려는 거야.'
백두산은 퍼그에게 다가가서 약속했다.
"형이 금방 꺼내 줄게."

크응, 나랑 하나도 안 닮았으면서 형이래.

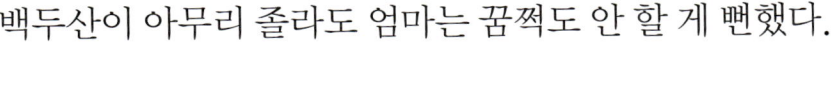

"이름 딱 좋다! 근데 엄마가 허락해야지……."
아빠는 떡을 찔 때처럼 뜸을 들였다.
아빠 말을 들은 엄마가 고개를 절레절레하며 소리쳤다.
"날 귀찮게 하는 백 씨는 둘로 충분해!"
백두산이 아무리 졸라도 엄마는 꿈쩍도 안 할 게 뻔했다.

태권도 학원으로 향하던 백두산이 갑자기 집으로 발걸음을 돌렸다.
퍼뜩 돼지 저금통이 떠올랐기 때문이다.
며칠 전, 할머니가 돼지 밥을 잔뜩 주고 가셨다.
할머니는 백두산의 돼지 저금통을 흔들어 보더니,
"돼지 배가 왜 이리 홀쭉하냐?" 하시며
꼬깃꼬깃 접은 만 원짜리를 저금통에 넣어 주셨다.
'어쩌면 접힌 돈이 한 장이 아닐지도 몰라.'
'어쩌면 다른 날도 돼지 밥을 주셨을지 몰라.'
'어쩌면 삼십만 원이 넘을지도 몰라.'
백두산의 상상은 풍선껌처럼 점점 부풀었다.

돼지 저금통 배를 가른 백두산 입에서
풍선 바람 빠지는 소리가 절로 나왔다.
만 원짜리 한 장과 동전 몇 개가 전부였기 때문이다.
"만 천삼백 원에다가…… 용돈이 얼마 남았더라……."
월요일에 용돈을 받아서 화요일이면 다 쓰는데,
금요일까지 용돈이 남아 있을 리 없었다.
"빨리 백만원을 구하러 가야 하는데…… 어떡하지……."
백두산은 쉽게 포기하는 어린이가 아니었다.
콧구멍을 파면서 천장을 바라보더니 금세 방법을 찾아냈다.
'아하! 구세군 냄비처럼 모금을 하면 되겠다!'
이렇게 해서 방학식 날 모금함이 나타난 것이다.

선생님이 교실 문을 열자마자 아이들이 우르르 몰려갔다.
"선생님, 큰일 났어요! 백두산 동생이 위험해요!"
아이들 머리통 너머로 모금함을 본 선생님은 얼굴이 퍼레졌다.
"어머나! 두산아, 무슨 일이야!"
백두산의 손을 덥석 잡은 선생님이 잠시 갸웃했다.
"그런데 우리 두산이한테 동생이 있었던가?"
"제 동생은 애견 센터에 갇혀 있어요.
근데 엄마가 돈 많이 든다고 데려오지 말래요."
"그러니까 네 동생이 강아지란 말이지?
휴, 다행이다. 선생님 간 떨어질 뻔했잖아."

"두산아, 모금은 어려움에 처한 사람을 돕거나
좋은 일에 쓰기 위해서 하는 거야."
선생님이 빙그레 웃으며 백두산을 타일렀다.
"제 동생도 어려움에 처해 있단 말이에요.
선생님은 갇혀 있는 강아지가 안 불쌍해요?"
백두산이 말똥말똥한 눈으로 선생님을 마주 보았다.
"유기견을 입양하면 어떨까?
돈도 필요 없고, 갈 곳 없는 강아지도 도울 수 있고."
선생님 말이 맞다.
하지만 백만원을 만나기 전이라면 모를까, 이젠 안 된다.
백두산은 모금함을 들고 자리로 돌아갈 수밖에 없었다.

"나도 강아지 키우고 싶은데, 우리 부모님도 반대하셔."

그런데 몇몇 아이들이 모금함에 돈을 넣었다. 웬일인지 짠돌이 '한입만'도 칠백 원을 넣었다. 진짜 이름은 '한수만'인데, 자꾸 한 입만 달래서 한입만이라고 부른다. 한입만은 부자가 될 거라며 절대 돈을 쓰지 않는다.

"불쌍한 강아지 생각해서 도와줄게. 갇혀 있는 백만원 꼭 구해."

백두산은 한입만이 한 입만 달라고 할 때 통째로 한 개씩 사 주었다.

그런데 겨우 칠백 원만 넣다니, 백두산은 섭섭했다.

"여태 나한테 얻어먹은 게 얼만데, 짠돌이 한입만."

백두산의 말을 들은 한입만이 피식 웃었다.

"니가 한 푼만 도와 달라며? 한 푼이 칠백 원이잖아.

사극에서 엽전 본 적 있지? 조선 시대 엽전은 '냥, 전, 푼' 세 종류가 있었어.

지금 돈으로 한 냥은 칠만 원, 일 전은 칠천 원, 한 푼은 칠백 원!

거지들이 왜 '한 푼만 줍쇼.' 하게 됐는지 알겠지?"

"우이 씨, 너 지금 나더러 거지라는 거야?"

백두산이 종주먹을 쥐고 씩씩거렸다.

그때 선생님이 소리쳤다.

"백두산, 너도 자리에 앉아!"

겨울 방학 첫날인데 백두산의 기분은 영 꽝이다.
애견 센터가 가까워질수록 백두산은 마음이 무거워졌다.

애견 센터로 온 지 이틀째, 백만원의 기분은 영 꽝이다.

백만원은 백두산을 보자마자 벌떡 일어났다.

 "왈왈, 나 꺼내 주러 왔구나! 앞으로 형이라고 부를까?"

백만원은 반가운 마음에 짤막한 꼬리까지 흔들었다.
그런데도 백두산의 얼굴은 시무룩하기만 했다.

 "크응, 김샜어. 나 못 데려가는구나?"

김빠진 왈왈 소리를 알아챈 백두산이 돈 이야기를 꺼냈다.
백두산은 백만원이 자기 말을 알아들을 거라 믿었다.
한입만 흉을 실컷 본 백두산이 다짐하듯이 말했다.
"이제 한입만 그 자식이랑 같이 안 놀 거야."
백만원은 다시 앞발에 턱을 괴고 엎드리더니,
주름투성이 얼굴을 찌푸리고 중얼거렸다.

 "한입만 말이 맞네, 뭐. 왜 겨우 한 푼만 달래……."

풀 죽은 동생의 뒷모습을 보고 백두산이 자신 있게 약속했다.
"삼 일만 기다려. 내가 반드시 꺼내 줄게."

"우리 두산이 공부하니? 떡 좀 줄까?"
엄마가 들어왔다가 뺄셈 계산에 빠진
백두산을 보고서는 조용히 방을 나갔다.
곧바로 호호 웃는 엄마 목소리가 들려왔다.
"여보, 우리 두산이가 수학에 흥미가 생겼나 봐. 호호호."
"나를 닮았나? 허허."
아빠도 허허 웃었다.
백두산은 책상에 풀썩 엎드렸다.
"에휴, 다들 아무것도 모르면서."
백두산은 이래저래 계산하느라 머리가 지끈지끈했다.
캄캄한 애견 센터에 있는 백만원의 모습이 눈앞에 아른거렸다.
백두산은 빈털터리인 자신이 한심했다.

하지만 백두산은 포기하지 않고,
모자라는 이십팔만 육천 원을 어떻게 모을지 열심히 궁리했다.

백두산은 후다닥 뛰어나가 엄마에게 다짜고짜 말했다.
"내 세뱃돈 주세요."
"설날도 아닌데 무슨 뚱딴지 같은 소리야?"
"내 세뱃돈, 엄마가 맡아 둔다고 몽땅 가져갔잖아요."
"그 돈, 네 이름으로 기부했어.
저번에 네가 굶고 있는 아프리카 아기들이 불쌍하댔잖아.
크리스마스에 깜짝 발표를 하려고 했지.
크리스마스이브에 엄마 아빠도 기부할 거거든."
"왜 엄마 맘대로 내 돈을 기부해요!"
백두산은 꽥 소리치고 휑하니 돌아섰다.
정말이지 높디높은 백두산이 무너져 내리는 기분이었다.
"쟤 좀 봐. 좋은 일에 썼는데 성을 내네?"
뒤에서 엄마가 어리둥절해하며 중얼거렸다.

뒤따라온 엄마가 침대에 엎드려 있는 백두산에게 물었다.
"돈이 얼마나 필요한데? 어디다 쓰게?"
엄마가 꾸물거리며 일어나는 백두산을 내려다보았다.
"두산이 너 설마, 그때 말한 강아지 사려고?"
백두산이 천천히 고개를 끄덕였다.
"그건 안 돼! 절대 안 돼!"
"벌써 동생 삼았단 말이에요!"
엄마는 귀를 막고 쿵쿵대며 방을 나가 버렸다.

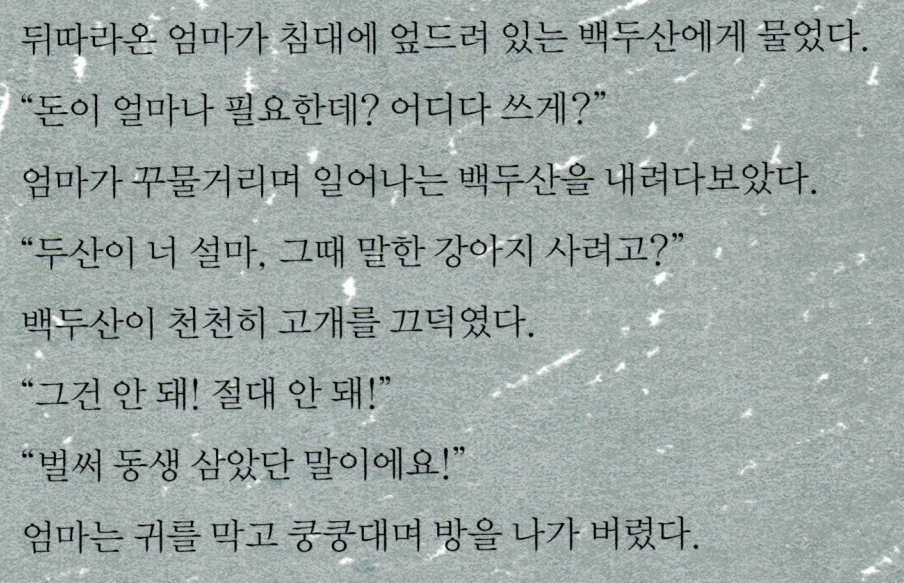

만원아……

이제 남은 방법은 돈을 빌리는 것뿐이다.
그리고 이십팔만 육천 원이나 가진 아이는 한입만뿐이다.
"동생을 위해서라면 이깟 일쯤이야."
백두산은 애써 우렁차게 말해 봤지만 역시 내키지 않았다.
'그나저나 짠돌이 한입만이 돈을 빌려줄까?'
하지만 백만원을 생각하자 마음이 급해졌다.
자존심 상하고 말고를 따질 겨를이 없는 것이다.
백두산은 전화기를 가지러 난딱 일어났다.

한입만은 돈을 빌려주는 조건으로 세 가지를 요구했다.

첫째, 오늘 학교에서 있었던 일을 사과할 것.

둘째, 내일 백만원을 보여 줄 것.

셋째, 용돈 기입장을 가지고 나올 것.

백두산은 치사하고, 치사하고, 치사했지만 어쩔 수 없었다.

그런데 용돈 기입장을 훑어본 백두산은 걱정에 휩싸였다.

"한입만 그 자식이 엉망이라고 할 텐데…….

에이, 몰라. 다음부터 잘 쓰면 되지."

백두산은 동생을 데려올 꿈에 부풀어 단잠에 빠졌다.

12월

12월 첫주	들어온 돈	나간 돈	남은돈
월요일	용돈 3,000원	2,000원 한입만이랑 오뎅 사 먹음	1,000원
화요일		1,000원 뽑기 두 판	0원
수요일			
목요일		뽑기 하지 말걸.	
금요일			
토요일		아껴 쓸 안 많다.	
일요일	다음주엔 아껴 써야지!!		

12월 둘째주	들어온 돈	나간 돈	남은돈
월요일	용돈 3,000원	3,000원 컵떡볶이랑 뽑기 두 판	0
화요일		ㅠㅠ	0
수요일			0
목요일			0
금요일		뽑기 하고	0
토요일		싶다	0
일요일			0

다음 날 애견 센터 쇼윈도 앞에서 백두산이 한입만을 소개했다.

"형 친구 한입만이야. 아니, 한수만."

"안녕? 백만원. 내가 널 구해 줄 수도 있어."

영웅 망토라도 두른 것처럼 한입만이 으스댔다.

백만원은 거들먹거리는 한입만이 마음에 들지 않았다.

 형, 한입만이랑 안 놀 거랬잖아. 왈왈.

백두산은 어제 한입만 흉을 본 게 마음에 걸려서 변명을 했다.

"형이 가진 돈이 모자라서 수만이한테 빌리기로 했어."

한입만이 젠체하며 말을 보탰다.

"용돈 기입장이 엉망이라서 안 빌려주려고 했는데, 널 보니까 빌려줘야겠다. 아유, 귀여워."

 나처럼 늠름한 강아지더러 귀엽다고?

백만원은 떡집까지 들썩일 정도로 왕왕댔다.

하지만 한입만은 좋아서 그러는 줄로 착각하고 헤벌쭉했다.

앞장서서 애견 센터로 들어간 한입만이 말했다.
"저 퍼그 강아지 꺼내서 애한테 주세요. 우리가 데려갈 거예요."
주인이 백만원을 백두산 품에 안겨 주었다.
둘의 모습을 보며 한입만은 뿌듯함을 느꼈다.
누군가를 돕는 게 이렇게 기분 좋을 줄은 몰랐다.
'돈 모을 때만 기분 좋은 줄 알았는데, 쓸 때도 좋네.'
주인이 누군가를 기다리는 듯이 밖을 내다보며 말했다.
"정말 살 거냐? 안아 보고 싶어서 거짓말한 거면 혼난다!"
한입만이 통장을 꺼내 당당하게 내밀었다.
"이 통장에서 삼십만 원 빼세요."
"너희들끼리 사겠다고? 카드든 돈이든 통장이든 뭘 가져와도 애들한테는 안 팔아. 사고 싶으면 가서 어른 모셔 와. 강아지 이리 주고!"
주인이 백만원을 빼앗아서 강아지 집에 넣어 버렸다.
백두산은 할 수 없이 다시 부모님께 부탁해 보기로 했다.

백두산과 한입만은 다시 백만원을 보러 갔다.
다른 강아지들처럼 백만원도 자고 있었다.
한입만이 서운한 듯이 말했다.
"백만원은 아무렇지도 않은가 봐. 쿨쿨 잘도 자네."
하지만 백두산은 백만원이 자는 척한다는 걸 알았다.
삐친 건지 실망한 건지는 몰라도, 이맛살을 찌푸리고 있으니까.
백두산은 울음이 터질 것 같아서 어금니를 깨물었다.
유리창에 울상이 된 백두산 얼굴이 그대로 비쳤다.
한입만이 그걸 보고서 혼잣말처럼 조용히 말했다.
"이래서 내가 부자가 되려는 거야.
부자라면 원하는 강아지를 얼마든지 살 수 있잖아."

백만원을 지켜보던 백두산이 불쑥 물었다.
"너도 강아지 좋아해?"
"그럼! 옛날부터 키우고 싶었는걸."
"잘됐다, 나 대신 네가 우리 백만원 구해 주라."
"안 돼. 돈 없어."
"나한테 빌려주려고 했던 돈 있잖아."
"돈을 막 쓰면 부자가 못 돼."
"왜 부자가 되고 싶은데?"
한입만이 머리를 긁적이다가 삐죽 답했다.
"그냥. 부자 되면 좋잖아."
"부자면 뭐하냐? 돈 아까워서 아무것도 못할 거면서. 너 그러다가 진짜 쓸모없는 부자 되겠다."
당황한 한입만이 허둥지둥 얼떨결에 말했다.
"난 부자 되면 기부 많이 할 거야!"
"왕짠돌이 자린고비 한입만이? 웃기시네! 뻥치시네!"
"이게! 돈 꾸러 다니는 빈털터리 주제에!"
둘은 동시에 등을 돌리고 성큼성큼 걸어갔다.

백두산네 가족은 가족회의 전에 각자 '하고 싶은 말'을 적는다.
그러면 가족회의가 딴 데로 빠지지 않기 때문이다.
오늘 백두산과 엄마는 서로에게 하고 싶은 말이 많았다.

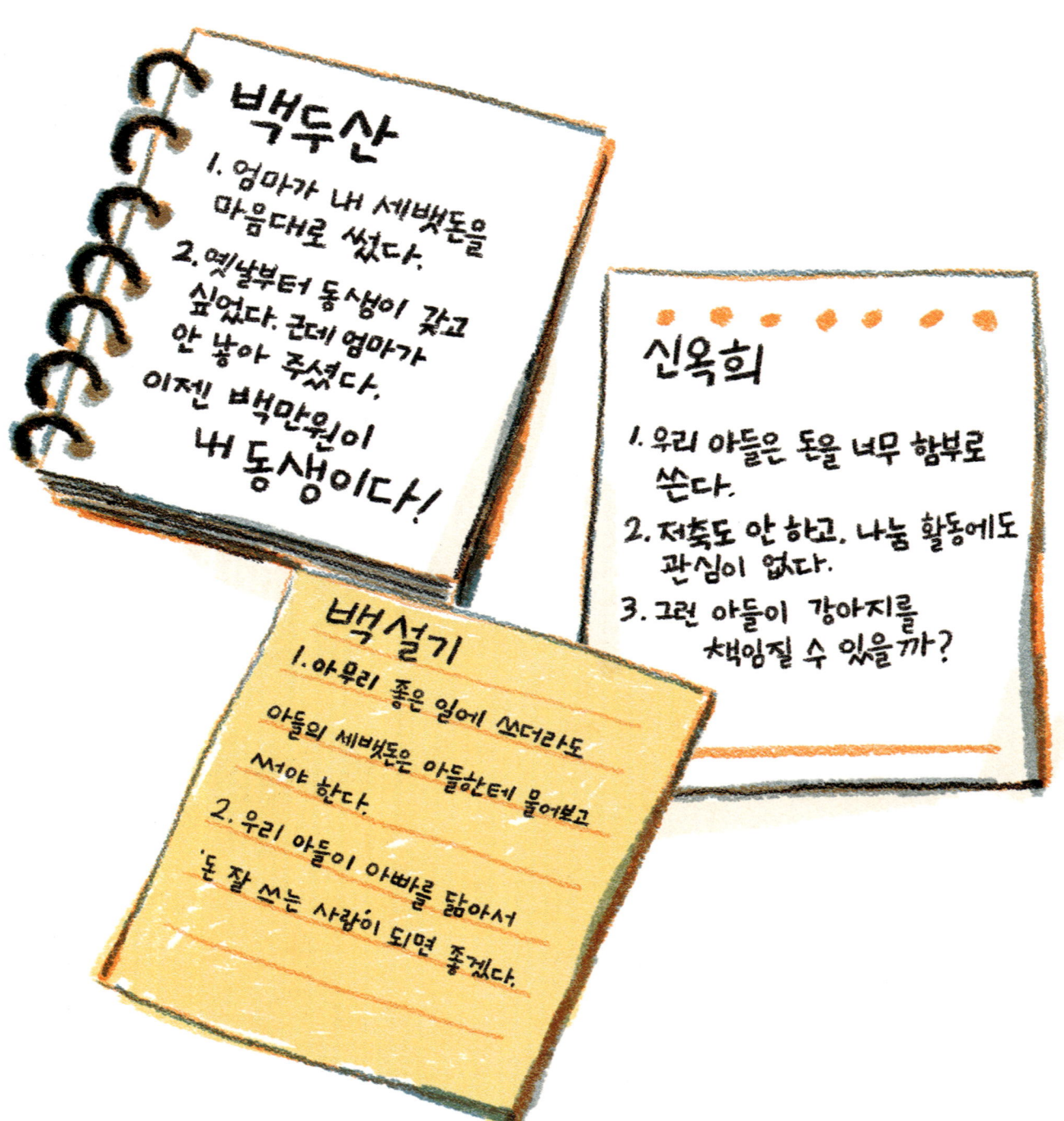

가족회의 결과, 엄마가 마음대로 기부한 세뱃돈을 백두산에게 물어 주고
그 돈으로 백만원을 데려오기로 했다.
하지만 세뱃돈, 저금통 돈, 모금한 돈을 합해도 여전히 사만 원이 모자랐다.
"사만 원은 우선 엄마가 빌려줄 테니 꼭 갚아.
사만 원을 어떻게 모을 건지는 다음 가족회의 때 말해 줘.
참 참, 앞으로 용돈 기입장도 검사할 거야."
엄마의 잔소리가 줄줄 쏟아졌지만, 백두산은 전혀 귀가 따갑지 않았다.
백만원이랑 가족이 되다니, 백두산은 텀블링 뛰듯이 폴짝거렸다.
한입만도 용서할 수 있을 만큼 기분이 끝내줬다.

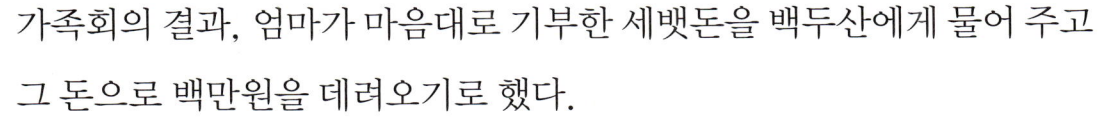

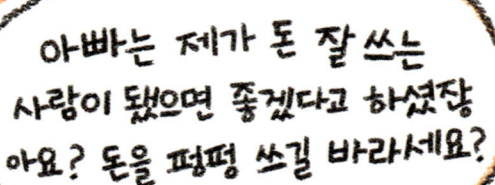

4 용돈을 받자마자 쓸 돈만 남기고 저금한다.

5 용돈을 받자마자 몽땅 저금해 버린다. 꼭 필요한 일이 생겨도 무조건 참는다.

6
쓸 돈을 미리 알기 위해서 살 물건과 사 먹을 군것질거리를 미리 정해 둔다. 갑자기 사고 싶은 것이 생기면 꾹 참는다.

7 절약한 돈을 은행에 저금하면 이자가 붙는다. 티끌 모아 태산이니까 적은 이자도 소중하다.

8 꼭 필요한 물건인지 세 번 생각하고, 물건을 살 때는 가격을 꼼꼼하게 비교해서 고른다.

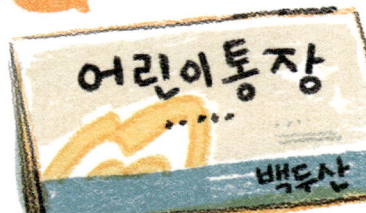

한입만을 통 큰 부자로 만들 방법을 찾아라!

한입만은 부자를 우러러봐요. 그냥, 부자가 되고 싶대요.
부자가 되려고 돈을 무조건 모으고 있지요.
한입만한테 '검소하다'는 말보다 '짜다'는 말이 어울리는 이유예요.
한입만이 '부자가 돼서 무엇 무엇을 하고 싶다'는 꿈을 가진다면,
짠돌이라는 손가락질은 안 당할 거예요.
세계 최고 부자들은 돈을 모아 어떤 일을 했을까요?
여러분이 부자가 된다면 무엇을 하고 싶나요?

➡ **빌 게이츠**('마이크로소프트'사 전 회장)**와 워런 버핏**(투자 전문가)

두 사람은 세계 최고 부자이자 세계 최고 기부왕이에요. 직접 만든 재단뿐 아니라 다른 단체에도 큰돈을 기부하지요. 특히, 워런 버핏은 '빌 게이츠 재단'에 전 재산의 99퍼센트를 기부하기로 약속했어요. 그때 워런 버핏은 이렇게 말했어요.

"저는 돈을 버는 능력은 천재적이지만, 돈을 제대로 쓰는 방법은 잘 모릅니다. 그래서 그 방법을 잘 아는 빌 게이츠 재단에 저의 재산을 기부하기로 결정했지요."

이들이 기부한 돈은 전 세계의 가난한 사람들을 위해서 쓰여요. 돈이 없어서 병원에 못 가는 사람, 학교에 못 가는 아이들을 돕지요. 두 사람은 전 세계 부자들을 대상으로 '번 돈의 절반을 기부하자'는 운동도 벌여요. 덕분에 기부하는 부자들이 점점 늘어나고 있지요.

➡️ **노벨** (노벨상을 만든 발명가)

알프레드 노벨은 다이너마이트를 발명해서 큰돈을 벌었어요. 그런데 노벨의 애초 목적과 달리 다이너마이트는 산업에서뿐 아니라 무기로도 널리 쓰였지요. 노벨은 그 점이 늘 마음에 걸렸어요. 그래서 전 재산을 기부해서 기금을 만들었지요. 그 기금으로 해마다 인류를 위해 공을 세운 사람들을 뽑아 노벨상을 주는 거예요.

➡️ **내가 만약 대단한 부자라면?**

우리 부모님은 부자가 아니지만 꾸준히 기부해요. 저도 엄마 돈 다 갚으면 한 달에 천 원씩 유기견 보호 단체에 기부할 거예요.

마당 있는 집을 사서 백만원을 마당에서 놀게 해야지.

버는 돈의 10퍼센트는 꼭 누군가를 돕는 일에 써야지.

떡 만드는 방법을 공짜로 알려 주는 학교를 세울 거야.

나

돈으로 할 수 있는 일 없는 일을 찾아라!

백두산은 '백만원'을 데려오기 위해 돈이 필요했어요.
한입만은 돈이 왜 필요한지도 모른 채 부자가 되려 했지만,
이제는 이유를 찾았대요.
여러분은 왜 돈이 필요한가요?

➡ 여러분의 소원은 무엇인가요? 아래에서 골라 보고, 직접 적어 보세요.

- 친구들을 많이 사귀고 싶어요.
- 친구들이랑 먹고 싶은 간식을 실컷 먹고 싶어요.
- 비행기 타고 딴 나라에 가 보고 싶어요.
- 키가 쑥쑥 컸으면 좋겠어요.
- 축구를 더 잘하고 싶어요.
- 강아지랑 고양이를 키우고 싶어요.
- 엄마의 잔소리가 사라졌으면 좋겠어요.
- 휴대폰이랑 게임기를 갖고 싶어요.

➡ 여러분의 소원을 이루려면 돈이 얼마나 필요한가요?

① 돈으로 살 수 있는 소원이 아니에요.

② 용돈을 아끼면 소원을 이룰 수 있어요.

③ 몇 달 동안 용돈을 모으면 이룰 수 있어요.

④ 돈이 무지무지 많이 필요해서, 용돈을 평생 모아도 모자라요.

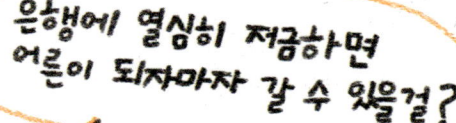

왜 저축을 하는 거야?

백두산은 한입만의 말을 듣고서 당장 은행으로 달려갔어요. 그리고 처음으로 자신의 이름으로 된 통장을 만들었지요. 백두산은 저축 방식이 '계획적인 모험가'래요. 여러분은 어떤 유형인지 화살표를 따라가 보세요.

왜 저축을 하나요? ★출발!★

- 큰돈이 필요할 때를 대비해서 → 믿음직스러운 '늘 준비'형
- 부모님이 시키니까 → 말 잘 듣는 '어린이 대표'형
- 용돈이 남아서

특별한 데 쓰려고
→ 이다음에 커서 세계 일주를 떠나려고
→ 꼭 사고 싶은 것, 하고 싶은 일이 있어서
→ 대학 갈 때 학비에 보태려고
→ 부모님이나 친구에게 생일 선물 하려고
→ 기부하려고

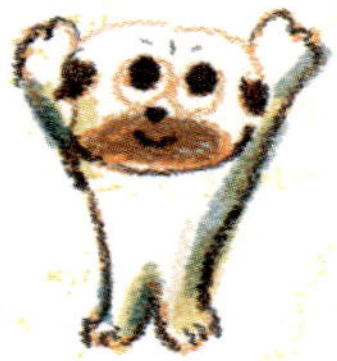

든든한 '효자'형
깜짝 이벤트 벌이는 '감동 전달자'형
목표를 이루고야 마는 '불도저'형
마음 씀씀이가 따뜻한 '천사'형
돈 쓸 일이 없는 '마음부자'형
계획적인 '모험가'형

100만 원 만드는 돈을 찾아라!

백두산이 고생 고생해서 데려온 동생 '백만원'은 100만 원이 얼마나 큰돈인지 몰라요. 여러분이 알려 주세요.

돼지 저금통 뜰어 돈 계산하는 날!

➡ 괄호 안에 알맞은 숫자를 넣어 보세요.

| 10원짜리 동전 ( )개를 모으면, 100원이 된다. | 100원짜리 동전 ( )개를 모으면, 500원이 된다. |

| 500원짜리 동전 ( )개를 모으면, 3,000원이 된다. | 1,000원짜리 지폐 ( )장을 모으면, 10,000원이 된다. |

| 10,000원짜리 지폐 ( )장을 모으면, 50,000원이 된다. | 50,000원짜리 지폐 ( )장을 모으면, 200,000원이 된다. |

➡ '100만 원'은 얼마나 큰돈일까요? 맞는 말을 모두 찾아보세요.

① 백 원이 많이 많이 있으면 백만 원!
② 어떤 돈이든지 백만 개 모으면 백만 원!
③ 만 원이 백 개 있어야 백만 원!
④ 천 원이 천 개 있어야 백만 원!
⑤ 백 원이 만 개 있어야 백만 원!

100만 원이 한 개 있으면 딱 100만 원인데!

＊정답은 64쪽에 있어요.

54쪽~61쪽 정답

따로 정답이 없어요. 우리 친구들이 적은 게 정답이에요.

63쪽 정답

➡ 괄호 안에 알맞은 숫자를 넣어 보세요.

10원짜리 동전 (10)개를 모으면, 100원이 된다.

100원짜리 동전 (5)개를 모으면, 500원이 된다.

500원짜리 동전 (6)개를 모으면, 3,000원이 된다.

1,000원짜리 지폐 (10)장을 모으면, 10,000원이 된다.

10,000원짜리 지폐 (5)장을 모으면, 50,000원이 된다.

50,000원짜리 지폐 (4)장을 모으면, 200,000원이 된다.

➡ '100만 원'은 얼마나 큰돈일까요? 맞는 말을 모두 찾아보세요.

① 백 원이 많이 많이 있으면 백만 원!
② 어떤 돈이든지 백만 개 모으면 백만 원!
✔ 만 원이 백 개 있어야 백만 원!
✔ 천 원이 천 개 있어야 백만 원!
✔ 백 원이 만 개 있어야 백만 원!